Impressum
Verlag: BABADADA GmbH, Nedderfeld 112 , 22529 Hamburg
Geschäftsführer / Verlagsleitung: Harald Hof
Druck: Books on Demand GmbH, In de Tarpen 42, 22848 Norderstedt

Imprint
Publisher: BABADADA GmbH, Nedderfeld 112 , 22529 Hamburg, Germany
Managing Director / Publishing direction: Harald Hof
Print: Books on Demand GmbH, In de Tarpen 42, 22848 Norderstedt

# école

# skola

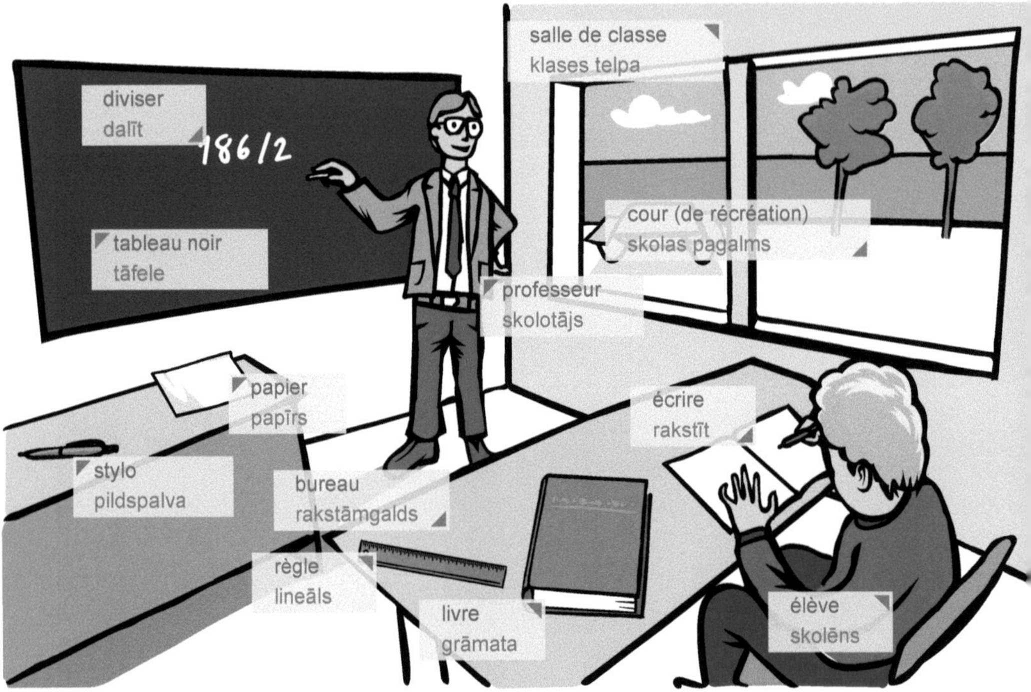

salle de classe
klases telpa
diviser
dalīt
186/2
tableau noir
tāfele
cour (de récréation)
skolas pagalms
professeur
skolotājs
papier
papīrs
écrire
rakstīt
stylo
pildspalva
bureau
rakstāmgalds
règle
lineāls
livre
grāmata
élève
skolēns


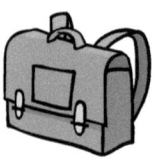

cartable

skolas soma

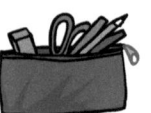

trousse

penālis

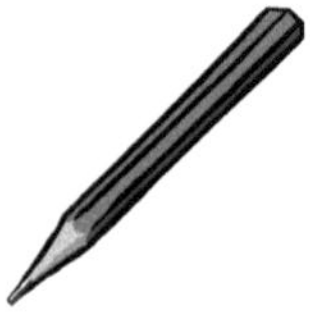

crayon

zīmulis

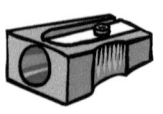

taille-crayon

zīmuļu asināmais

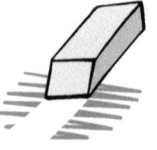

gomme

dzēšgumija

carnet à dessin

zīmēšanas bloks

dessin
zīmējums

pinceau
ota

boîte de peinture
krāsas

ciseaux
šķēres

colle
līme

cahier d'exercices
darba burtnīca

devoirs
mājas darbs

chiffre
skaitlis

2+2

additionner
saskaitīt

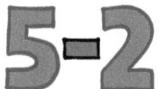

soustraire
atņemt

multiplier
reizināt

calculer
rēķināt

lettre
burts

alphabet
alfabēts

mot
vārds

texte

tied

teksts

lire

lasīt

craie

krīts

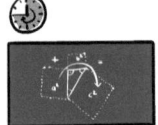

leçon

mācību stunda

livre de classe

žurnāls

examen

eksāmens

certificat

liecība

uniforme scolaire

skolas forma

formation

izglītība

lexique

enciklopēdija

université

universitāte

microscope

mikroskops

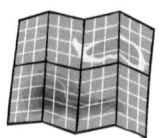

carte

karte

corbeille à papier

papīrgrozs

# voyage
# ceļojums

hôtel
viesnīca
Grand
auberge
hostelis
ROOMS
EXCHANGE
bureau de change
valūtas maiņas punkts
valise
čemodāns
voiture
automašīna

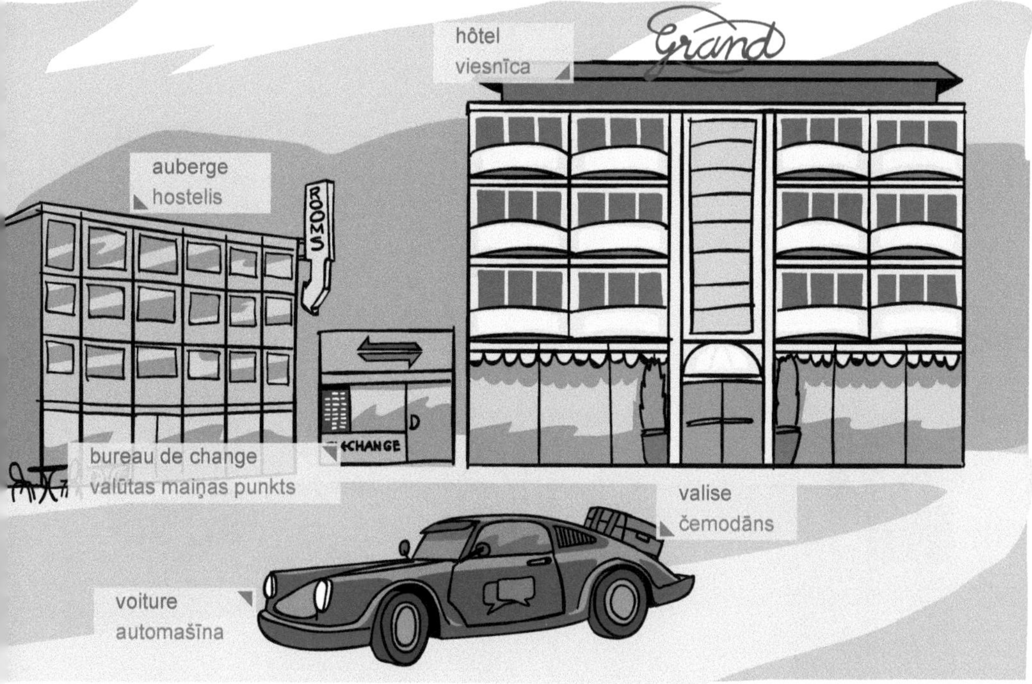

langue
Valoda

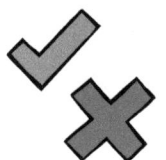

oui / non
jā / nē

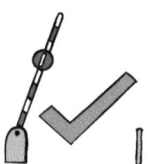

d'accord
Okay

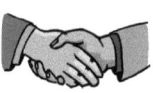

Salut
Sveiki!

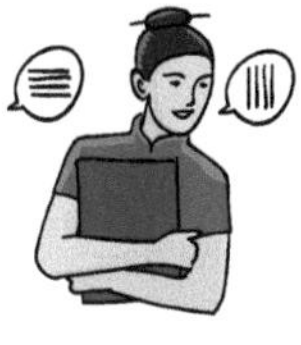

interprète
tulks

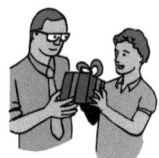

merci
paldies

Combien coûte...?

Cik maksā...?

Je ne comprends pas

Es nesaprotu

problème

problēma

Bonsoir !

Labvakar!

Bonjour !

Labrīt!

Bonne nuit !

Ar labu nakti!

Au revoir

Uz redzēšanos

direction

virziens

bagages

bagāža

sac

soma

sac-à-dos

mugursoma

hôte

viesis

pièce

istaba

sac de couchage

guļammaiss

tente

telts

office de tourisme

tūrisma informācija

plage

pludmale

carte de crédit

kredītkarte

petit-déjeuner

brokastis

déjeuner

pusdienas

dîner

vakariņas

billet

biļete

ascenseur

lifts

timbre

pastmarka

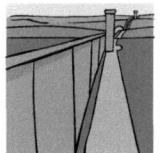

frontière

robeža

douane

muita

ambassade

vēstniecība

visa

vīza

passeport

pase

# transport
# transports

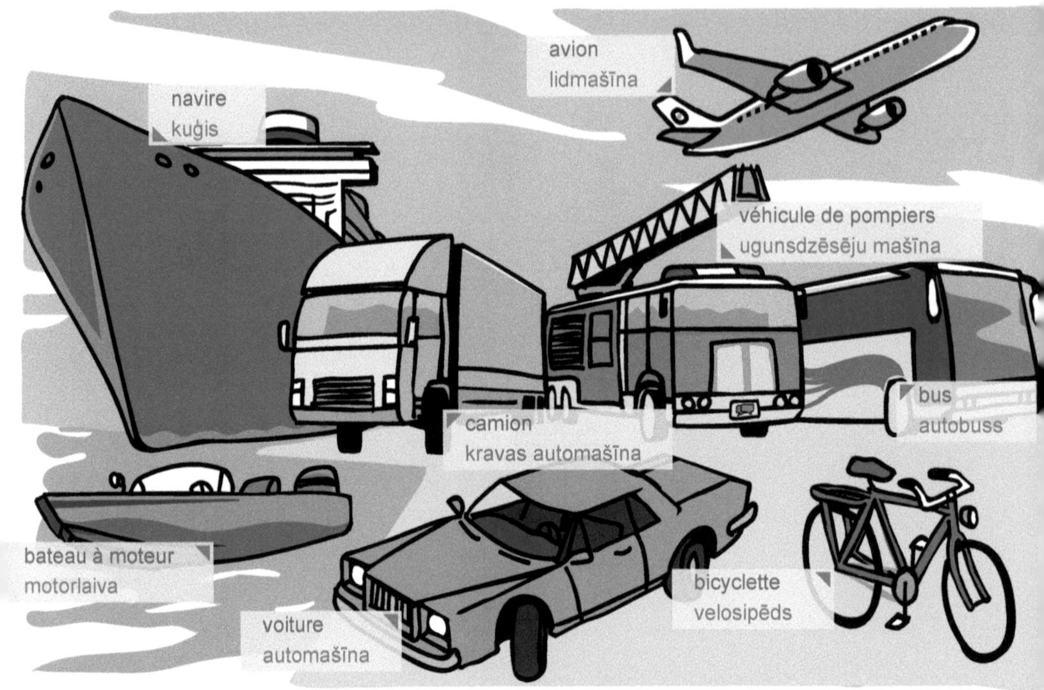
avion
lidmašīna
navire
kuģis
véhicule de pompiers
ugunsdzēsēju mašīna
bus
autobuss
camion
kravas automašīna
bateau à moteur
motorlaiva
bicyclette
velosipēds
voiture
automašīna

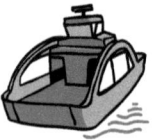

ferry

prāmis

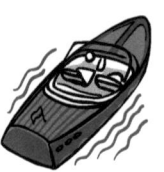

barque

laiva

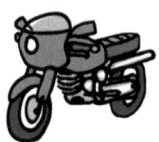

moto

motocikls

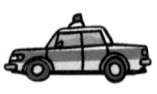

voiture de police

policijas automašīna

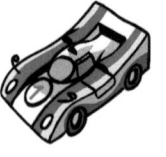

voiture de course

sacīkšu automobilis

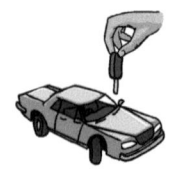

voiture de location

nomas auto

auto-partage

auto koplietošana

voiture de remorquage

evakuators

benne à ordures

atkritumu mašīna

moteur

dzinējs

essence

benzīns

station d'essence

degvielas uzpildes stacija

panneau indicateur

ceļa zīme

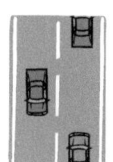

trafic

satiksme

embouteillage

sastrēgums

parking

stāvvieta

gare

dzelzceļa stacija

rails

sliedes

train

vilciens

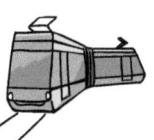

tramway

tramvajs

wagon

vagons

hélicoptère

helikopters

aéroport

lidosta

tour

tornis

passager

pasažieris

conteneur

konteiners

carton

kaste

chariot

ratiņi

corbeille

grozs

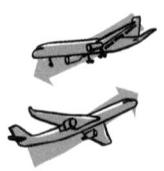

décoller / atterrir

pacelties / nosēsties

## ville

## pilsēta

village

ciems

centre-ville

pilsētas centrs

maison

māja

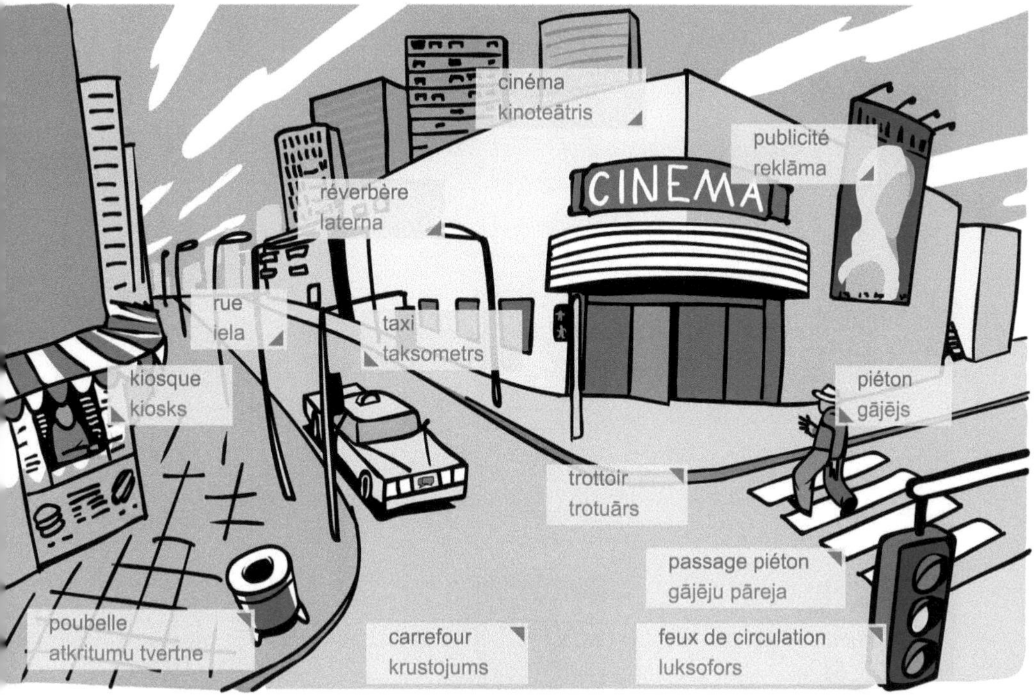

cinéma
kinoteātris

publicité
reklāma

réverbère
laterna

CINEMA

rue
iela

taxi
taksometrs

kiosque
kiosks

piéton
gājējs

trottoir
trotuārs

passage piéton
gājēju pāreja

poubelle
atkritumu tvertne

carrefour
krustojums

feux de circulation
luksofors

cabane
................
būda

appartement
................
dzīvoklis

gare
................
dzelzceļa stacija

mairie
................
rātsnams

musée
................
muzejs

école
................
skola

université

universitāte

banque

banka

hôpital

slimnīca

hôtel

viesnīca

pharmacie

aptieka

bureau

birojs

librairie

grāmatnīca

magasin

veikals

fleuriste

ziedu veikals

supermarché

lielveikals

marché

tirgus

grand magasin

tirdzniecības centrs

poissonnerie

zivju tirgotājs

centre commercial

tirdzniecības centrs

port

osta

parc

parks

banque

sols

pont

tilts

escaliers

kāpnes

métro

metro

tunnel

tunelis

arrêt de bus

autobusa pieturvieta

bar

bārs

restaurant

restorāns

boîte à lettres

pastkastīte

panneau indicateur

ielas nosaukuma plāksne

parcmètre

stāvlaika skaitītājs

zoo

zooloģiskais dārzs

piscine

peldbaseins

mosquée

mošeja

ferme

zemnieku saimniecība

pollution

vides piesārņojums

cimetière

kapsēta

église

baznīca

aire de jeux

spēļu laukums

temple

templis

## paysage

## ainava

feuille
lapa

panneau indicateur
ceļrādis

chemin
ceļš

pré
pļava

pierre
akmens

arbre
koks

randonneur
ceļotājs

rivière
upe

herbe
zāle

fleur
puķe

vallée

ieleja

montagne

kalns

lac

ezers

forêt

mežs

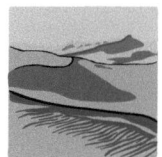

désert

tuksnesis

volcan

vulkāns

château

pils

arc-en-ciel

varavīksne

champignon

sēne

palmier

palma

moustique

moskīts

mouche

muša

fourmis

skudra

abeille

bite

araignée

zirneklis

paysage - ainava

15

coléoptère

vabole

grenouille

varde

écureuil

vāvere

hérisson

ezis

lièvre

zaķis

chouette

pūce

oiseau

putns

cygne

gulbis

sanglier

meža cūka

cerf

briedis

élan

alnis

barrage

aizsprosts

éolienne

vēja ģenerators

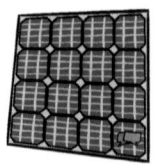

panneau solaire

saules baterija

climat

klimats

# restaurant
# restorāns

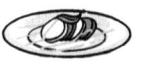

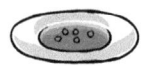

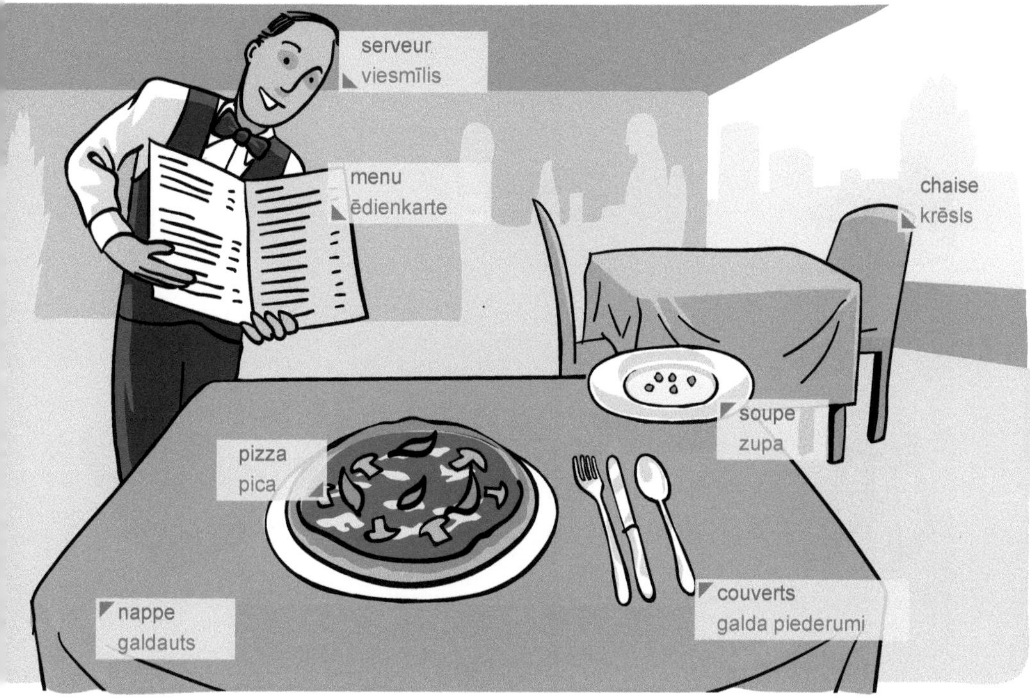
serveur
viesmīlis
menu
ēdienkarte
chaise
krēsls
soupe
zupa
pizza
pica
couverts
galda piederumi
nappe
galdauts

hors d'œuvre
uzkoda

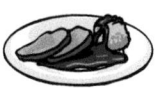

plat principal
pamatēdiens

dessert
deserts

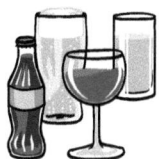

boissons
dzērieni

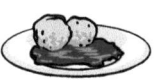

alimentation
ēdiens

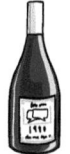

bouteille
pudele

fast-food

ātrās uzkodas

plats à emporter

ielu uzkodas

théière

tējkanna

sucrier

cukurtrauks

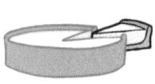

portion

porcija

machine à expresso

espresso kafijas automāts

chaise haute

bāra krēsls

facture

rēķins

plateau

paplāte

couteau

nazis

fourchette

dakša

cuillère

karote

cuillère à thé

tējkarote

serviette

salvete

verre

glāze

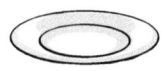

assiette

škīvis

assiette à soupe

zupas šķīvis

soucoupe

apakštase

sauce

mērce

salière

sāls trauciņš

moulin à poivre

piparu dzirnaviņas

vinaigre

etiķis

huile

eļļa

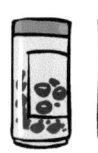

épices

garšvielas

ketchup

kečups

moutarde

sinepes

mayonnaise

majonēze

# supermarché
# lielveikals

offre promotionnelle
piedāvājums
FOR
client
klients
produits laitiers
piena produkti
fruits
augļi
chariot
iepirkumu ratiņi


BUTCHERS


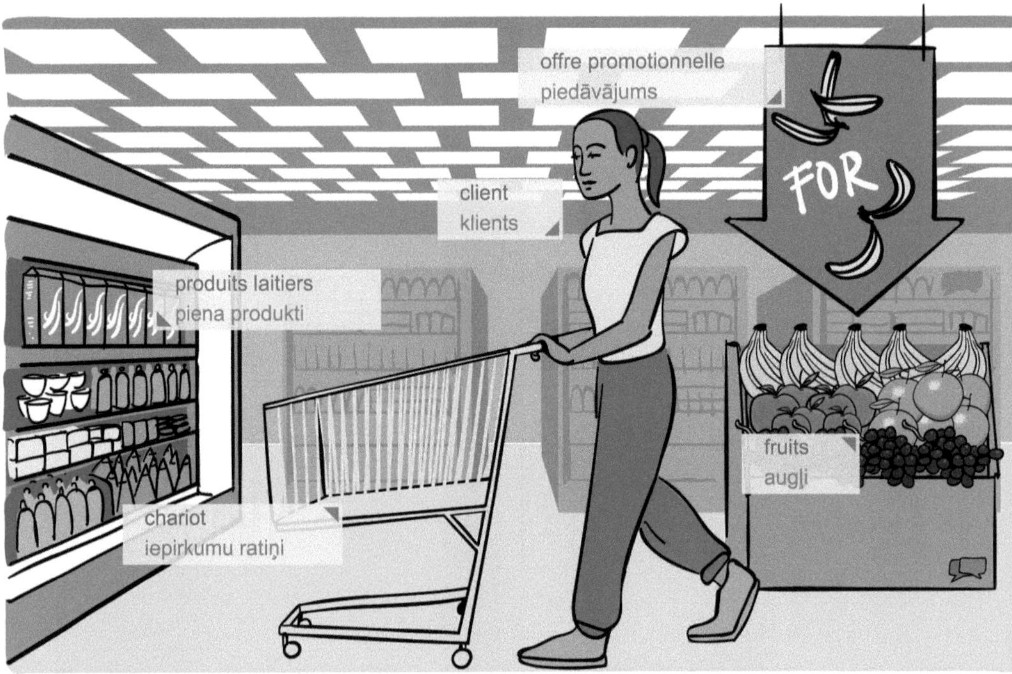

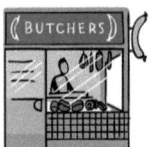

boucherie

kautuve

BAKERY


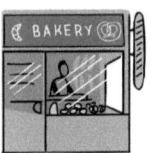

boulangerie

maizes veikals

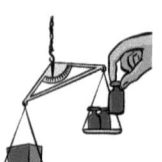

peser

svērt

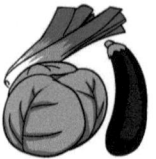

légumes

dārzeņi

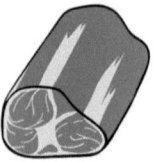

viande

gaļa

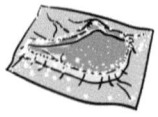

aliments surgelés

saldēti produkti

charcuterie

aukstās gaļas uzkodas

conserves

konservi

poudre à lessive

pulveris

bonbons

saldumi

articles ménagers

mājsaimniecības preces

détergents

tīrīšanas līdzeklis

vendeuse

pārdevēja

caisse

kase

caissier

kasieris

liste d'achats

iepirkumu saraksts

heures d'ouverture

darba laiks

portefeuille

maks

carte de crédit

kredītkarte

sac

soma

sac en plastique

maisiņš

eau

ūdens

jus de fruit

sula

lait

piens

coca

kola

vin

vīns

bière

alus

alcool

alkohols

chocolat chaud

kakao

thé

tēja

café

kafija

expresso

espresso

cappuccino

kapučīno

banane

banāns

pomme

ābols

orange

apelsīns

melon

melone

citron

citrons

carotte

burkāns

ail

ķiploks

bambou

bambuss

oignon

sīpols

champignon

sēne

noisettes

rieksti

pâtes

makaroni

spaghetti

spageti

riz

rīsi

salade

salāti

pommes frites

frī kartupeļi

pommes de terre rôties

cepti kartupeļi

pizza

pica

hamburger

hamburgers

sandwich

sviestmaize

escalope

šnicele

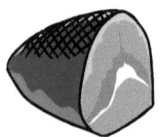

jambon

šķiņķis

salami

salami

saucisse

desa

poulet

vista

rôti

cepetis

poisson

zivs

flocons d'avoine

auzu pārslas

muesli

muslis

cornflakes

brokastu pārslas

farine

milti

croissant

radziņš

petits-pains

brokastu maizītes

pain

maize

pain grillé

tostermaize

biscuits

cepumi

beurre

sviests

le fromage blanc

biezpiens

gâteau

kūka

œuf

ola

œuf au plat

cepta ola

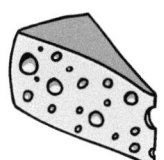

fromage

siers

glace

saldējums

sucre

cukurs

miel

medus

confiture

marmelāde

crème nougat

riekstu krēms

curry

karijs

# ferme
## zemnieku saimniecība

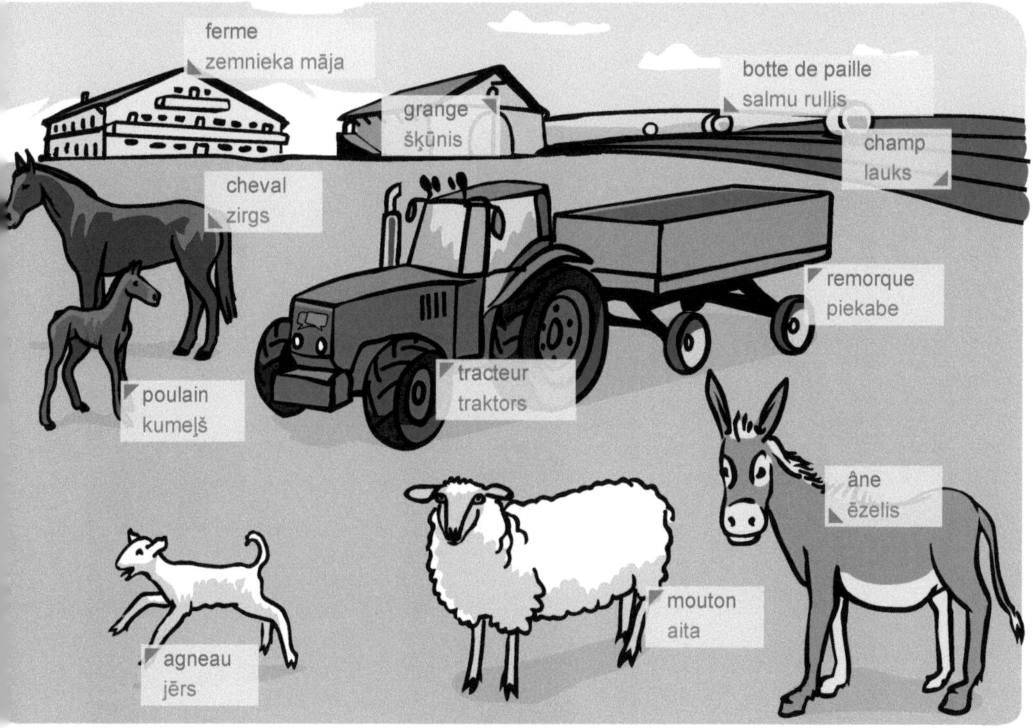
ferme
zemnieka māja
grange
šķūnis
botte de paille
salmu rullis
champ
lauks
cheval
zirgs
remorque
piekabe
poulain
kumeļš
tracteur
traktors
âne
ēzelis
mouton
aita
agneau
jērs

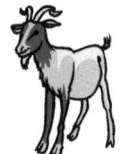

chèvre

kaza

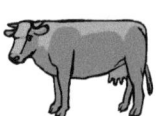

vache

govs

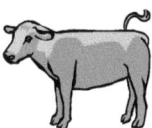

veau

teļš

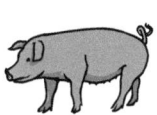

porc

cūka

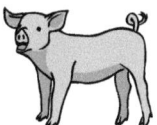

porcelet

sivēns

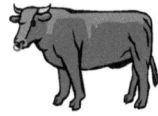

taureau

bullis

oie

zoss

canard

pīle

poussin

cālis

poule

vista

coq

gailis

rat

žurka

chat

kaķis

souris

pele

bœuf

vērsis

chien

suns

chenil

suņa būda

tuyau de jardin

dārza šļūtene

arrosoir

lejkanna

faucheuse

izkapts

charrue

arkls

faucille
sirpis

pioche
kaplis

fourche
mēslu dakša

hache
cirvis

brouette
ķerra

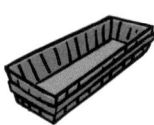

cuve
sile

pot à lait
piena kanna

sac
maiss

clôture
žogs

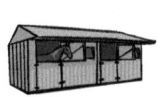

étable
kūts

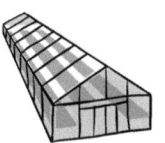

serre
siltumnīca

sol
augsne

semences
sēklas

engrais
mēslojums

moissonneuse-batteuse
kombains

récolter

novākt ražu

récolte

raža

igname

jamss

blé

kvieši

soja

soja

pomme de terre

kartupelis

maïs

kukurūza

colza

rapsis

arbre fruitier

augļu koks

manioc

manioka

céréales

labība

# maison
# māja

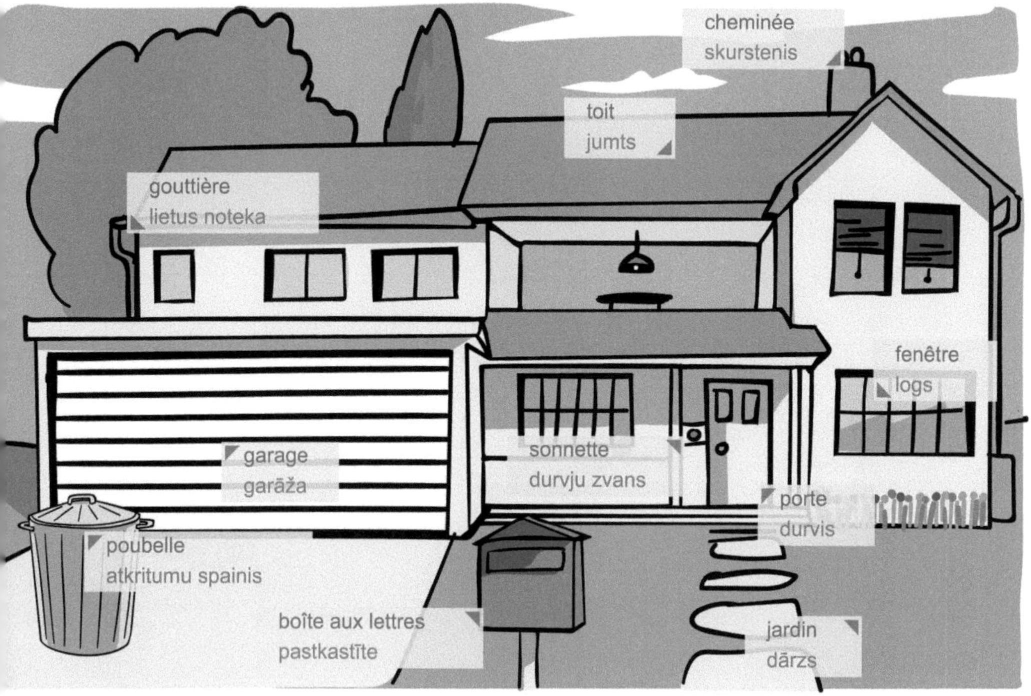

cheminée
skurstenis
toit
jumts
gouttière
lietus noteka
fenêtre
logs
garage
garāža
sonnette
durvju zvans
porte
durvis
poubelle
atkritumu spainis
boîte aux lettres
pastkastīte
jardin
dārzs


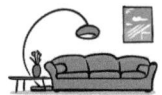

salon

viesistaba

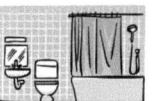

salle de bain

vannas istaba

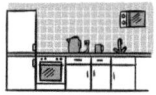

cuisine

virtuve

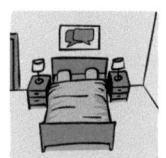

chambre à coucher

guļamistaba

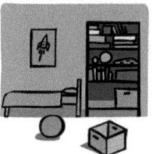

chambre d'enfant

bērnu istaba

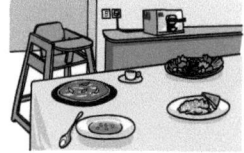

salle à manger

ēdamistaba

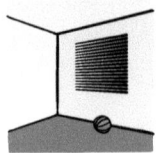

sol

grīda

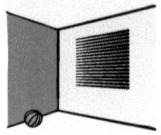

mur

siena

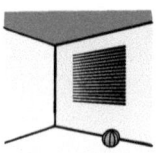

plafond

griesti

cave

pagrabs

sauna

sauna

balcon

balkons

terrasse

terase

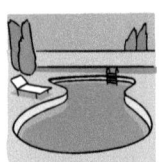

piscine

baseins

tondeuse à gazon

zāles pļāvējs

housse

gultas veļa

couette

sega

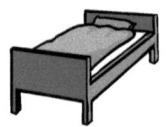

lit

gulta

balai

slota

sceau

spainis

interrupteur

slēdzis

# salon
# viesistaba

papier peint
tapetes
image
attēls
lampe
lampa
étagère
plaukts
armoire
skapis
télé
televizors
cheminée
kamīns
fleur
puķe
coussin
spilvens
sofa
dīvāns
vase
vāze
télécommande
tālvadības pults

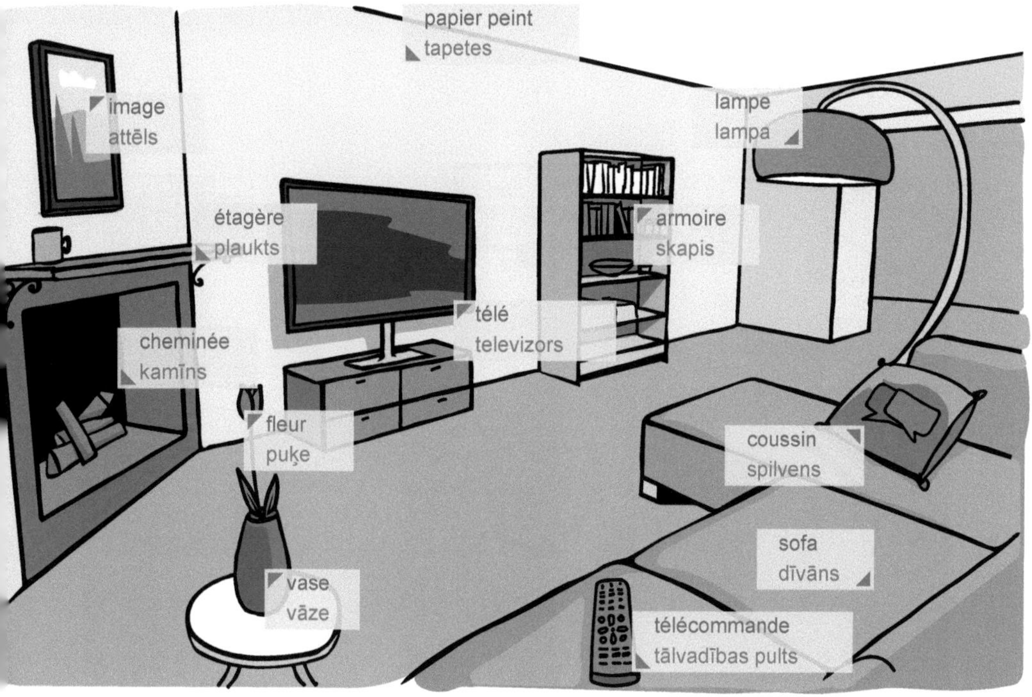

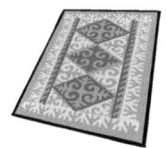

tapis
paklājs

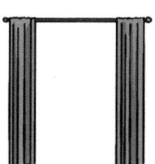

rideau
aizkars

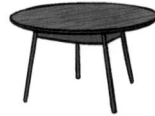

table
galds

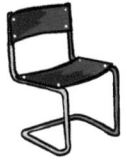

chaise
krēsls

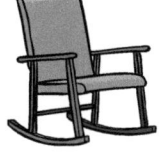

chaise à bascule
šūpuļkrēsls

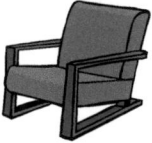

fauteuil
atpūtas krēsls

livre

grāmata

couverture

sega

décoration

dekorācija

bois de chauffage

malka

film

filma

chaîne hi-fi

mūzikas centrs

clé

atslēga

journal

avīze

peinture

glezna

poster

plakāts

radio

radio

bloc-notes

pierakstu blociņš

aspirateur

putekļu sūcējs

cactus

kaktuss

bougie

svece

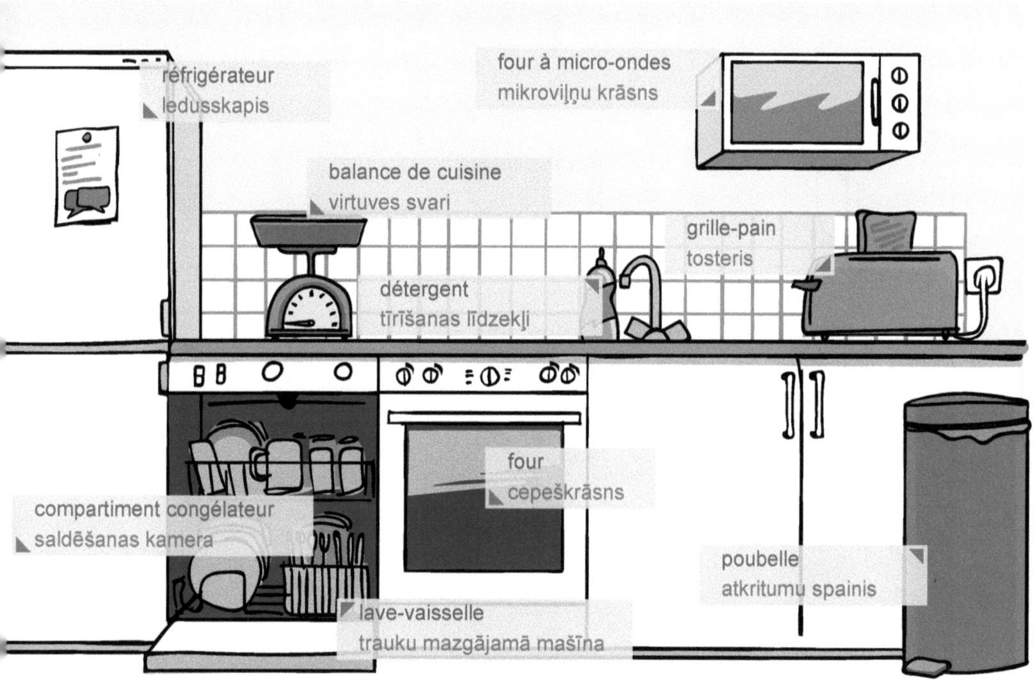

réfrigérateur
ledusskapis

four à micro-ondes
mikroviļņu krāsns

balance de cuisine
virtuves svari

grille-pain
tosteris

détergent
tīrīšanas līdzekļi

four
cepeškrāsns

compartiment congélateur
saldēšanas kamera

poubelle
atkritumu spainis

lave-vaisselle
trauku mazgājamā mašīna

four

plīts

casserole

pods

marmite

katls

wok / kadai

Wok panna

poêle

panna

bouilloire electrique

elektriskā tējkanna

cuiseur vapeur

tvaika katls

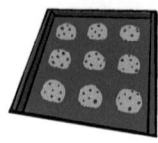

plaque de cuisson

cepešpanna

vaisselle

trauki

gobelet

krūze

coupe

bļoda

baguettes

irbulīši

louche

kauss

spatule

lāpstiņa

fouet

putošanas slotiņa

passoire

sietiņš

tamis

siets

râpe

rīve

mortier

piesta

barbecue

grilēt

cheminée

atklāts pavards

planche à découper
.................
dēlis

rouleau à pâtisserie
.................
mīklas rullis

tire-bouchon
.................
korķu vilķis

boîte
.................
bundža

ouvre-boîte
.................
konservu nazis

maniques
.................
virtuves cimdi

lavabo
.................
izlietne

brosse
.................
birste

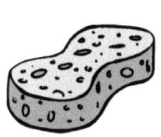

éponge
.................
sūklis

mixeur
.................
mikseris

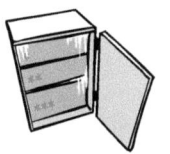

congélateur
.................
saldētava

biberon
.................
bērna pudelīte

robinet
.................
ūdenskrāns

# salle de bain

# vannas istaba

douche
duša
chauffage
apkure
serviette
dvielis
rideau de douche
dušas aizkari
bain moussant
vannas putas
baignoire
vanna
verre
glāze
machine à laver
veļas mašīna
robinet
ūdenskrāns
carrelage
flīzes
pot
podiņš
lavabo
izlietne

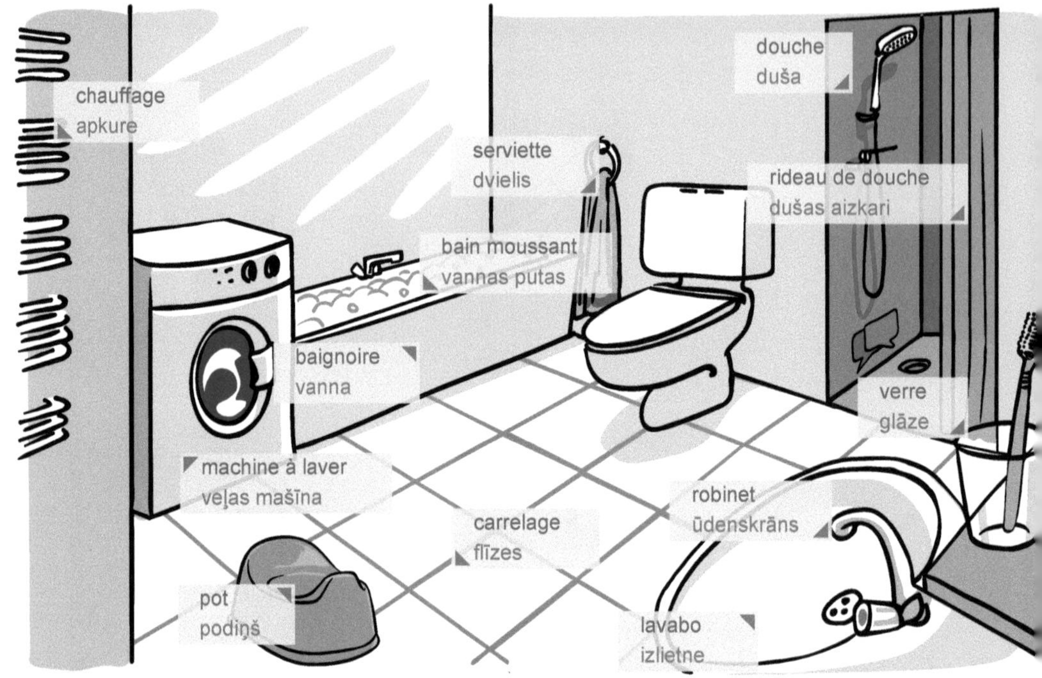

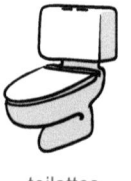

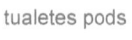

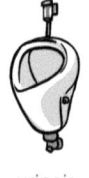

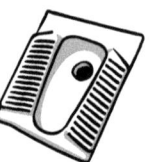

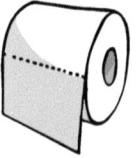

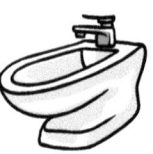

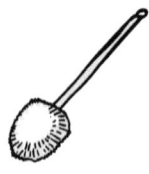

toilettes

tualetes pods

toilette à la turque

Āzijas tipa tualete

bidet

bidē

urinoir

pisuārs

papier toilette

tualetes papīs

brosse à toilette

tualetes birste

**brosse à dents**

zobu birste

**dentifrice**

zobu pasta

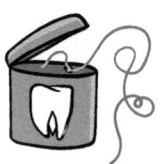

**fil dentaire**

zobu diegs

**laver**

mazgāt

**douche manuelle**

rokas duša

**douche intime**

duša

**vasque**

bļoda

**brosse dorsale**

muguras mazgāšanas birste

**savon**

ziepes

**gel douche**

dušas želeja

**shampooing**

šampūns

**gant de toilette**

mazgāšanas drāna

**écoulement**

noteka

**crème**

krēms

**déodorant**

dezodorants

miroir
spogulis

miroir cosmétique
spogulītis

rasoir
skuveklis

mousse à raser
skūšanās putas

après-rasage
losjons pēc skūšanās

peigne
ķemme

brosse
matu suka

sèche-cheveux
matu fēns

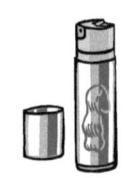

laque pour cheveux
matu laka

fond de teint
grima komplekts

rouge à lèvres
lūpu krāsa

vernis à ongles
nagulaka

ouate
vate

coupe-ongles
šķērītes

parfum
smaržas

trousse de toilette

kosmētikas maks

tabouret

ķeblītis

pèse-personne

svari

peignoir

halāts

gants de nettoyage

tīrīšanas cimdi

tampon

tampons

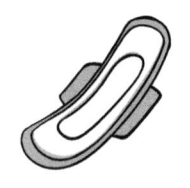

serviettes hygiéniques

pakete

toilette chimique

ķīmiskā tualete

# chambre d'enfant
# bērnu istaba

réveil
modinātājs
doudou
mīkstā rotaļlieta
voiture jouet
spēļu automašīna
hochet
grabulis
maison de poupée
leļļu māja
cadeau
dāvana


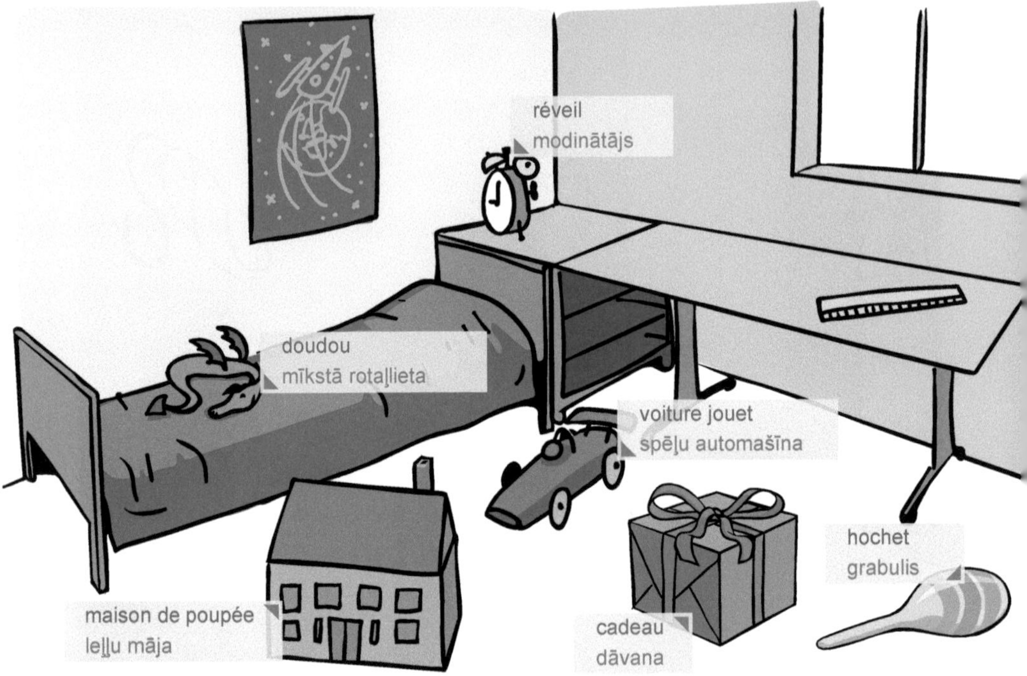

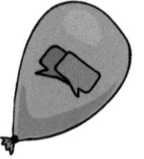

ballon

balons

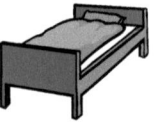

lit

gulta

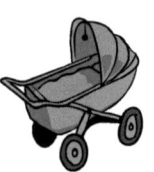

poussette

bērnu ratiņi

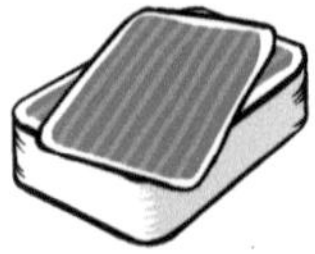

jeu de cartes

kārtis

puzzle

puzle

SUPER
MEGA


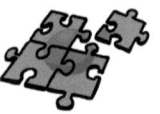

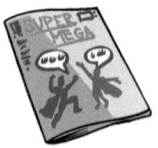

bande dessinée

komikss

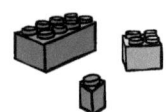

pièces lego

LEGO klucīši

blocs de construction

klucīši

figurine

varoņu figūra

grenouillère

rāpulītis

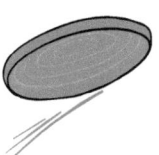

frisbee

lidojošais šķīvītis

mobile

muzikālais karuselis

jeu de société

galda spēle

dé

metamais kauliņš

train miniature

rotaļu dzelzceļš

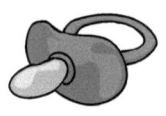

sucette

māneklis

fête

ballīte

livre d'images

bilžu grāmata

balle

bumba

poupée

lelle

jouer

spēlēt

bac à sable

smilšu kaste

balançoire

šūpoles

jouets

rotaļlietas

console de jeu

spēļu konsole

tricycle

trīsritenis

ours en peluche

plīša lācītis

armoire

drēbju skapis

## vêtements

## apģērbs

chaussettes

īszeķes

bas

zeķes

collant

zeķbikses

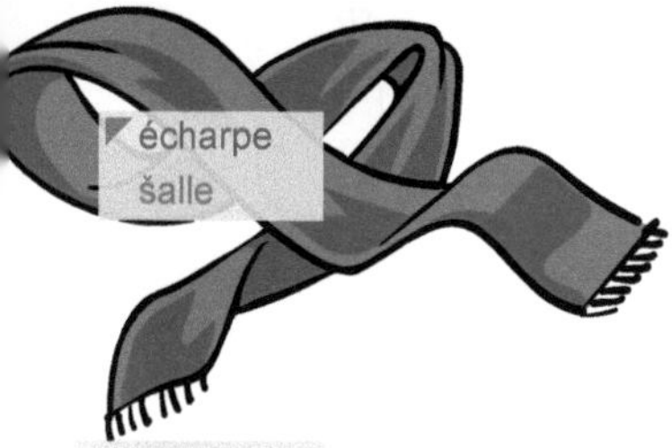

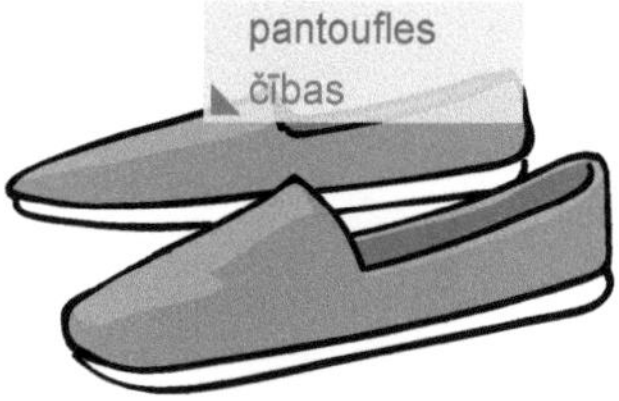

écharpe
šalle

ceinture
siksna

parapluie
lietussargs

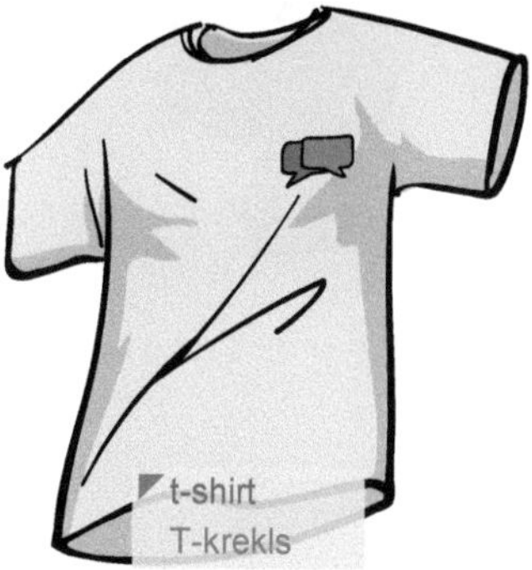

t-shirt
T-krekls

bottes
zābaks

pantoufles
čības

baskets
botas

sandales
..................
sandales

chaussures
..................
kurpes

bottes de caoutchouc
..................
gumijas zābaki

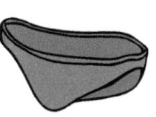

sous-vêtements
..................
apakšbikses

soutien-gorge
..................
krūšturis

maillot de corps
..................
apakškrekls

body

bodijs

pantalon

bikses

jean

džinsi

jupe

svārki

chemisier

blūze

chemise

krekls

pull

pulovers

sweat à capuche

džemperis

veste

žakete

veste

jaka

manteau

mētelis

imperméable

lietus mētelis

costume

kostīms

robe

kleita

robe de mariée

kāzu kleita

costume

uzvalks

chemise de nuit

naktskrekls

pyjama

pidžama

sari

sari

foulard

lakats

turban

turbāns

burqa

burka

caftan

kaftāns

abaya

abaja

maillot de bain

peldkostīms

maillot de bain

peldbikses

short

šorti

tenue d'entraînement

treniņtērps

tablier

priekšauts

gants

cimdi

vêtements - apģērbs

bouton
........
poga

lunettes
........
brilles

bracelet
........
rokassprādze

collier
........
kaklarota

bague
........
gredzens

boucle d'oreille
........
auskars

bonnet
........
cepure

cintre
........
drēbju pakaramais

chapeau
........
platmale

cravate
........
kaklasaite

fermeture éclair
........
rāvējslēdzējs

casque
........
ķivere

bretelles
........
bikšturi

uniforme scolaire
........
skolas forma

uniforme
........
uniforma

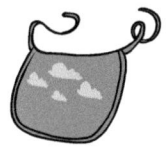

bavoir

priekšautiņš

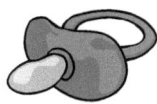

sucette

māneklis

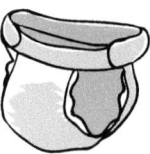

lange

autiņbiksītes

# bureau
## birojs

serveur
serveris
armoire d'archivage
dokumentu skapis
imprimante
printeris
papier
papīrs
écran
monitors
souris
pele
bureau
rakstāmgalds
classeur
dokumentu vāki
clavier
klaviatūra
chaise
krēsls
corbeille à papier
papīrgrozs
ordinateur
dators

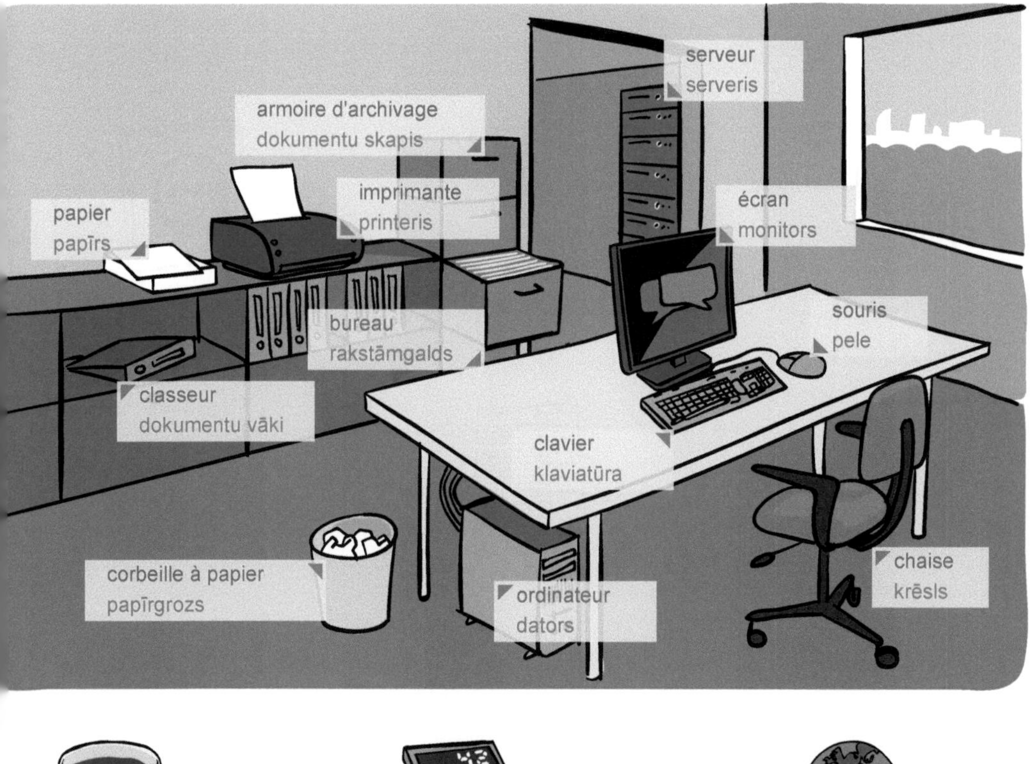

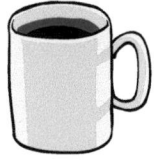

tasse de café

kafijas krūze

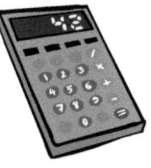

calculatrice

kalkulators

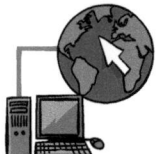

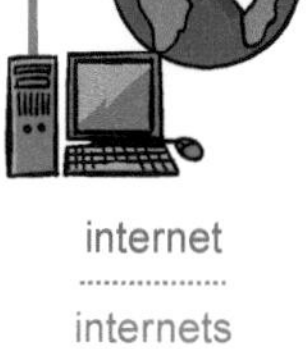

internet

internets

ordinateur portable

portatīvais dators

lettre

vēstule

message

ziņa

portable

mobilais tālrunis

réseau

tīkls

photocopieuse

kopētājs

logiciel

programmatūra

téléphone

telefons

prise

rozete

fax

faksa aparāts

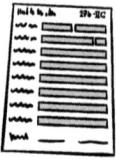

formulaire

formulārs

document

dokuments

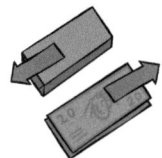

acheter

pirkt

payer

samaksāt

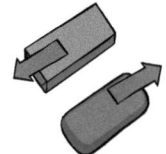

faire du commerce

tirgot

monnaie

nauda

dollar

dolārs

euro

eiro

yen

jēna

rouble

rublis

franc suisse

franks

renminbi yuan

juaņa renminbi

roupie

rūpija

distributeur automatique

bankomāts

bureau de change

valūtas maiņas punkts

or

zelts

argent

sudrabs

pétrole

nafta

énergie

enerģija

prix

cena

contrat

līgums

taxe

nodoklis

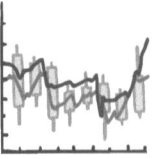

action

akcija

travailler

strādāt

employé

darbinieks

employeur

darba devējs

usine

fabrika

magasin

veikals

économie - ekonomika

# professions
# profesijas

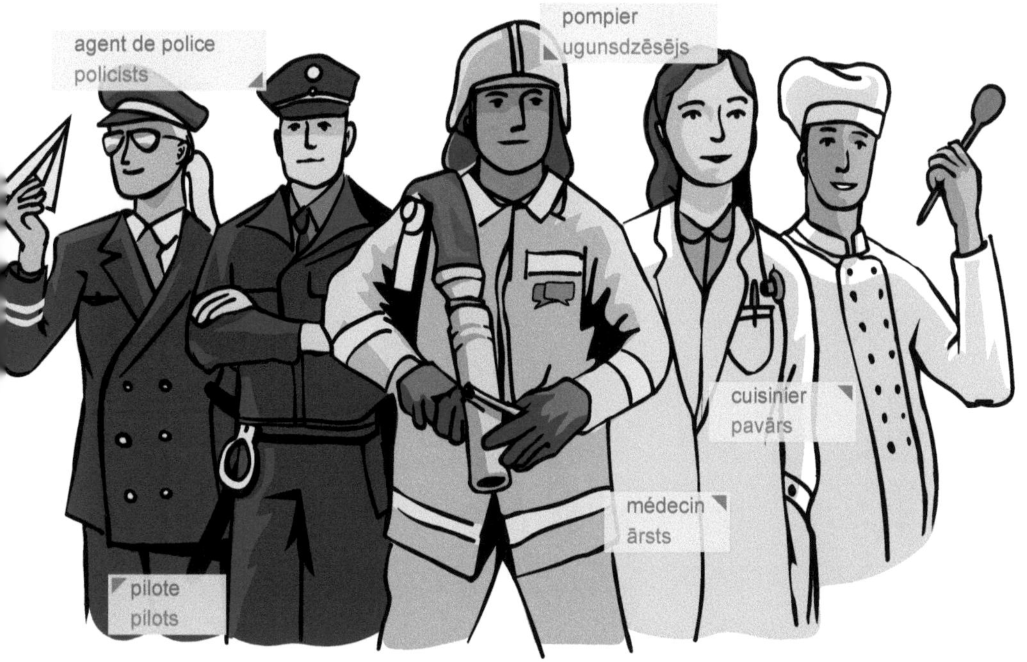
agent de police
policists
pompier
ugunsdzēsējs
cuisinier
pavārs
médecin
ārsts
pilote
pilots

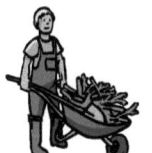

jardinier

dārznieks

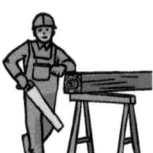

menuisier

galdnieks

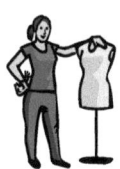

couturière

šuvēja

juge

tiesnesis

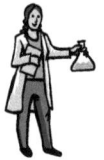

chimiste

ķīmiķis

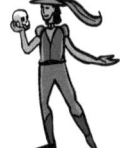

acteur

aktieris

conducteur de bus

autobusa vadītājs

chauffeur de taxi

taksometra vadītājs

pêcheur

zvejnieks

femme de ménage

apkopēja

couvreur

jumiķis

serveur

viesmīlis

chasseur

mednieks

peintre

gleznotājs

boulanger

maiznieks

électricien

elektriķis

ouvrier

celtnieks

ingénieur

inženieris

boucher

miesnieks

plombier

skārdnieks

facteur

pastnieks

soldat

karavīrs

architecte

arhitekts

caissier

kasieris

fleuriste

florists

coiffeur

frizieris

contrôleur

konduktors

mécanicien

mehāniķis

capitaine

kapteinis

dentiste

zobārsts

scientifique

zinātnieks

rabbin

rabīns

imam

imāms

moine

mūks

prêtre

mācītājs

# outils
# instrumenti

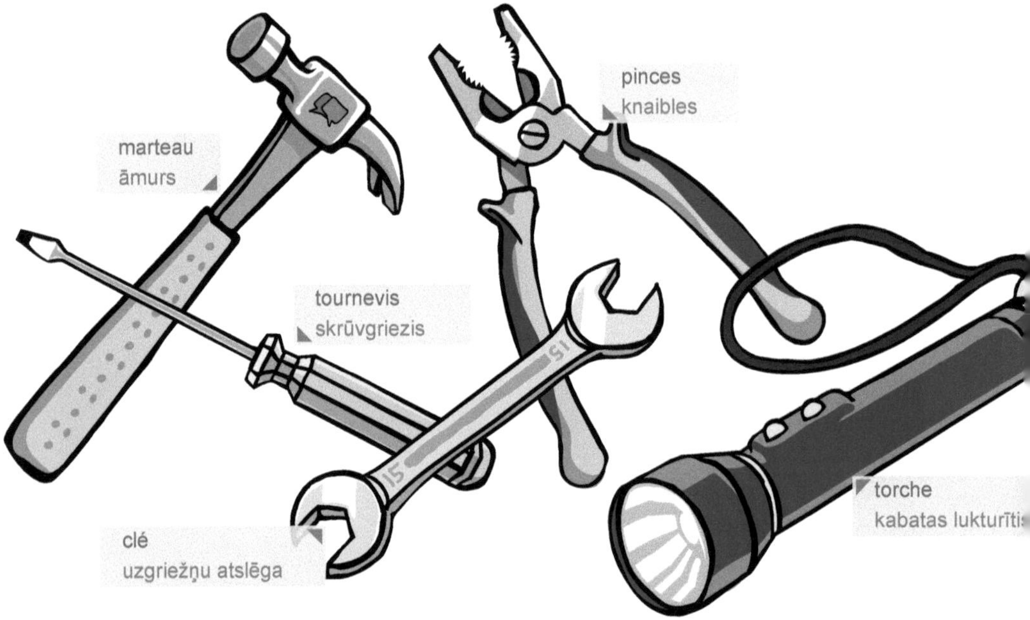

pinces
knaibles
marteau
āmurs
tournevis
skrūvgriezis
torche
kabatas lukturīti
clé
uzgriežņu atslēga


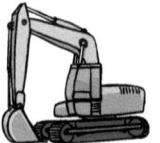

pelleteuse

ekskavators

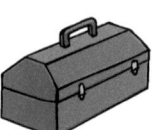

boîte à outils

instrumentu kaste

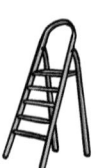

échelle

kāpnes

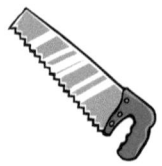

scie

zāģis

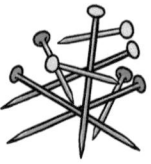

clous

naglas

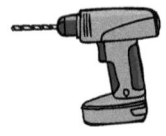

perceuse

urbis

réparer

remontēt

pelle

lāpsta

Mince !

Velns!

pelle

liekšķere

pot de peinture

krāsas bundža

vis

skrūves

## instruments de musique
## mūzikas instrumenti

haut-parleurs
skaļrunis

batterie
bungas

contrebasse
kontrabass

trompette
trompete

guitare
ģitāra

piano

klavieres

violon

vijole

basse

bass

timbales

timpāni

tambour

bungas

piano électrique

digitālās klavieres

saxophone

saksofons

flûte

flauta

microphone

mikrofons

instruments de musique - mūzikas instrumenti

# zoo

# zooloģiskais dārzs

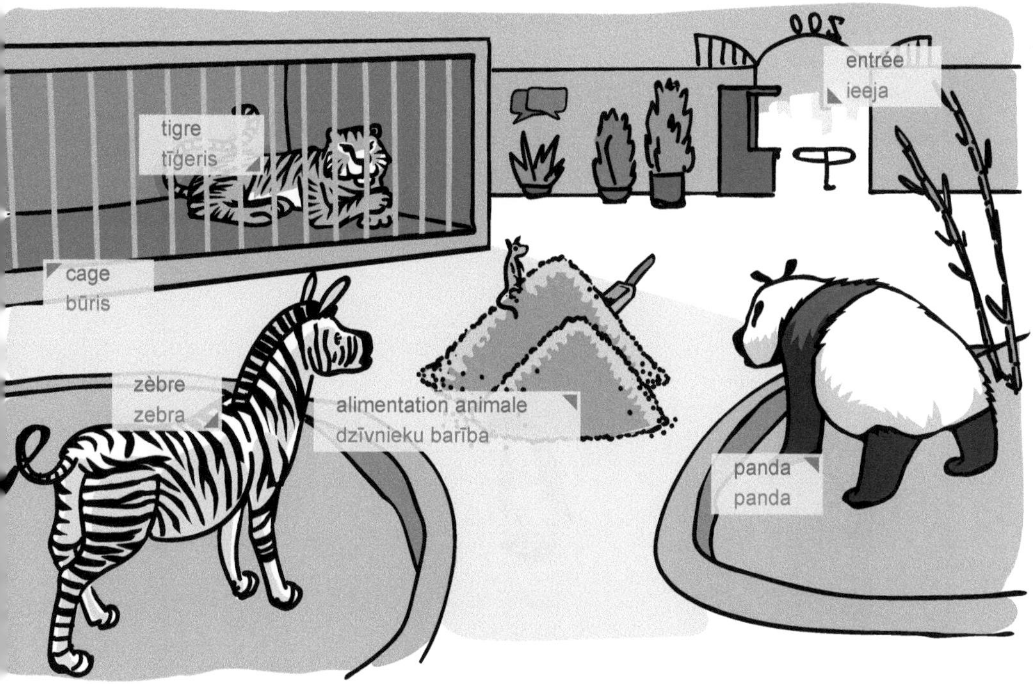
entrée
ieeja
tigre
tīģeris
cage
būris
zèbre
zebra
alimentation animale
dzīvnieku barība
panda
panda

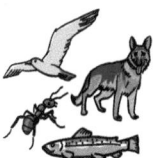

animaux

dzīvnieki

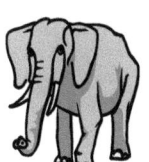

éléphant

zilonis

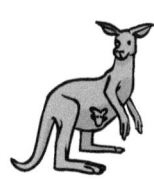

kangourou

ķengurs

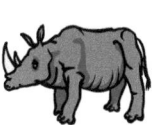

rhinocéros

degunradzis

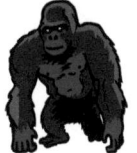

gorille

gorilla

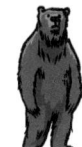

ours

lācis

chameau

kamielis

autruche

strauss

lion

lauva

singe

pērtiķis

flamand rose

flamings

perroquet

papagailis

ours polaire

polārlācis

pingouin

pingvīns

requin

haizivs

paon

pāvs

serpent

čūska

crocodile

krokodils

gardien de zoo

zoodārza sargs

phoque

ronis

jaguar

jaguārs

poney

ponijs

léopard

leopards

hippopotame

nīlzirgs

girafe

žirafe

aigle

ērglis

sanglier

meža cūka

poisson

zivs

tortue

bruņurupucis

morse

valzirgs

renard

lapsa

gazelle

gazele

zoo - zooloģiskais dārzs

american Football
amerikāņu futbols

cyclisme
riteņbraukšana

tennis
teniss

basket-ball
basketbols

natation
peldēšana

boxe
bokss

hockey sur glace
hokejs

football
futbols

badminton
badmintons

athlétisme
vieglatlētika

handball
rokas bumba

ski
slēpošana

polo
polo

# activités
# darbības

sauter
lēkt
embrasser
apskaut
rire
smieties
marcher
iet
chanter
dziedāt
rêver
sapņot
prier
lūgt
faire la bise
skūpstīt

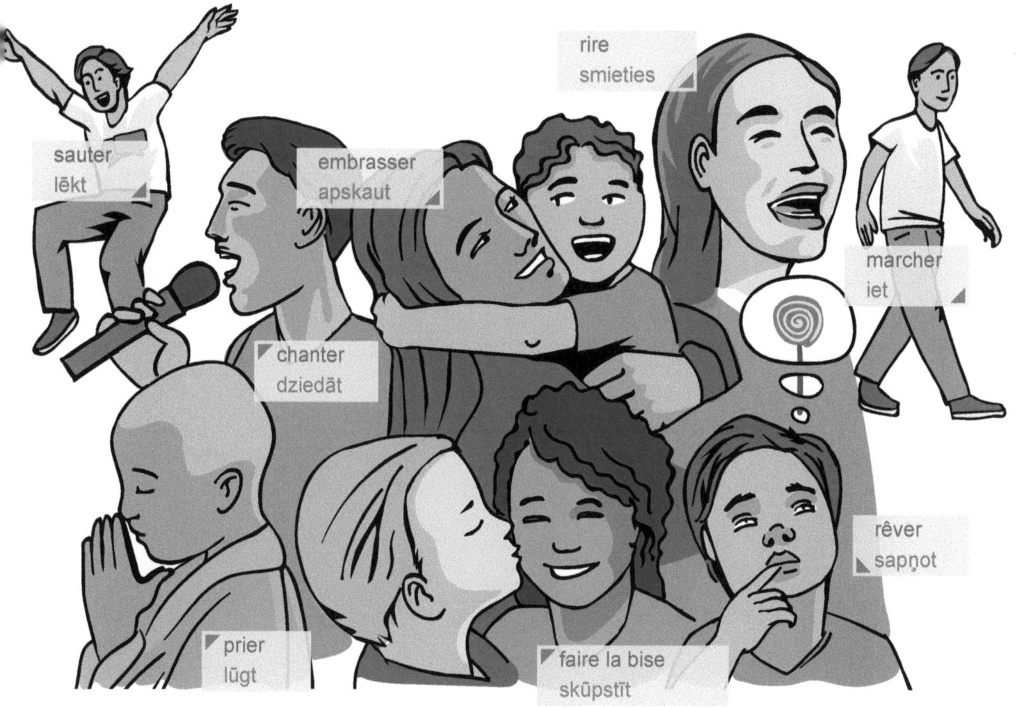

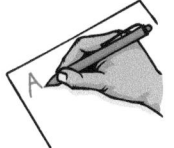

écrire

rakstīt

dessiner

zīmēt

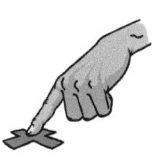

montrer

rādīt

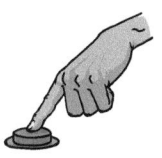

pousser

spiest

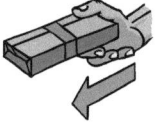

donner

dot

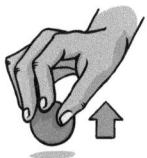

prendre

ņemt

avoir

būt

faire

darīt

être

būt

être debout

stāvēt

courir

skriet

trier

vilkt

jeter

mest

tomber

krist

être couché

gulēt

attendre

gaidīt

porter

nest

être assis

sēdēt

s'habiller

uzģērbt

dormir

gulēt

se réveiller

pamosties

regarder

skatīties

pleurer

raudāt

caresser

glāstīt

peigner

ķemmēt

parler

runāt

comprendre

saprast

demander

jautāt

écouter

dzirdēt

boire

dzert

manger

ēst

ranger

sakārtot

aimer

mīlēt

cuire

vārīt

conduire

braukt

voler

lidot

faire de la voile

burot

calculer

rēķināt

lire

lasīt

apprendre

mācīties

travailler

strādāt

se marier

precēties

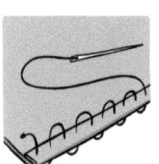

coudre

šūt

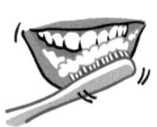

brosser les dents

tīrīt zobus

tuer

nogalināt

fumer

smēķēt

envoyer

sūtīt

activités - darbības

# famille
# ģimene

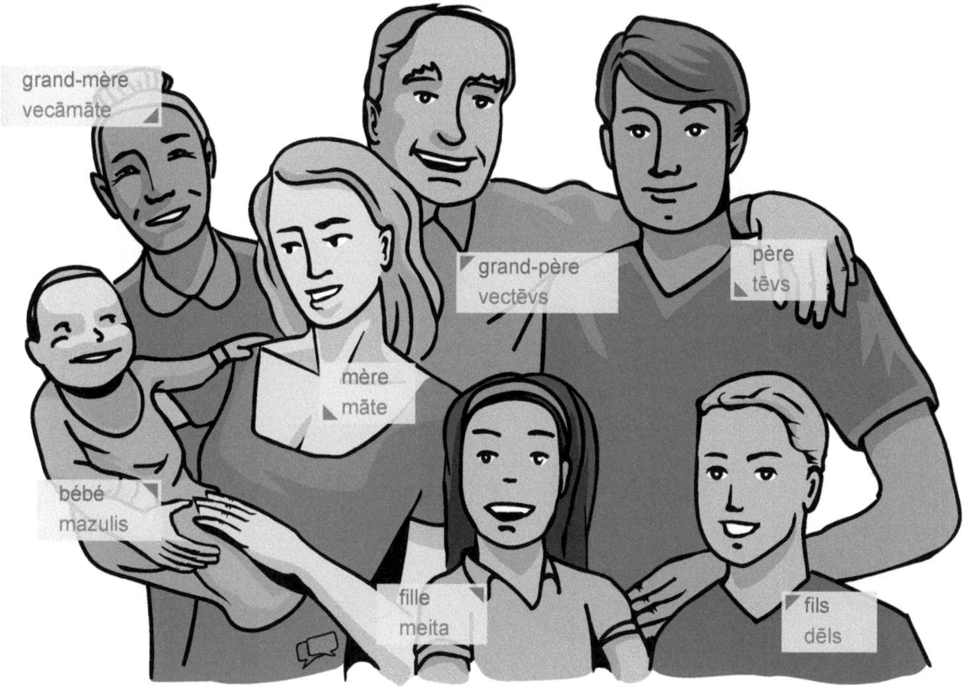

grand-mère
vecāmāte
grand-père
vectēvs
père
tēvs
mère
māte
bébé
mazulis
fille
meita
fils
dēls


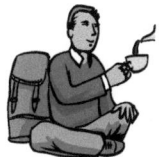

hôte

viesis

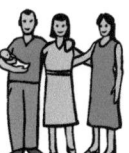

tante

tante

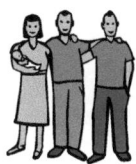

oncle

onkulis

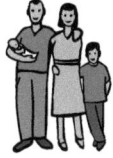

frère

brālis

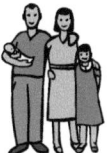

sœur

māsa

# corps
# ķermenis

front
piere
œil
acs
épaule
plecs
doigt
pirksts
visage
seja
menton
zods
main
roka
jambe
kāja
poitrine
krūtis
bras
roka


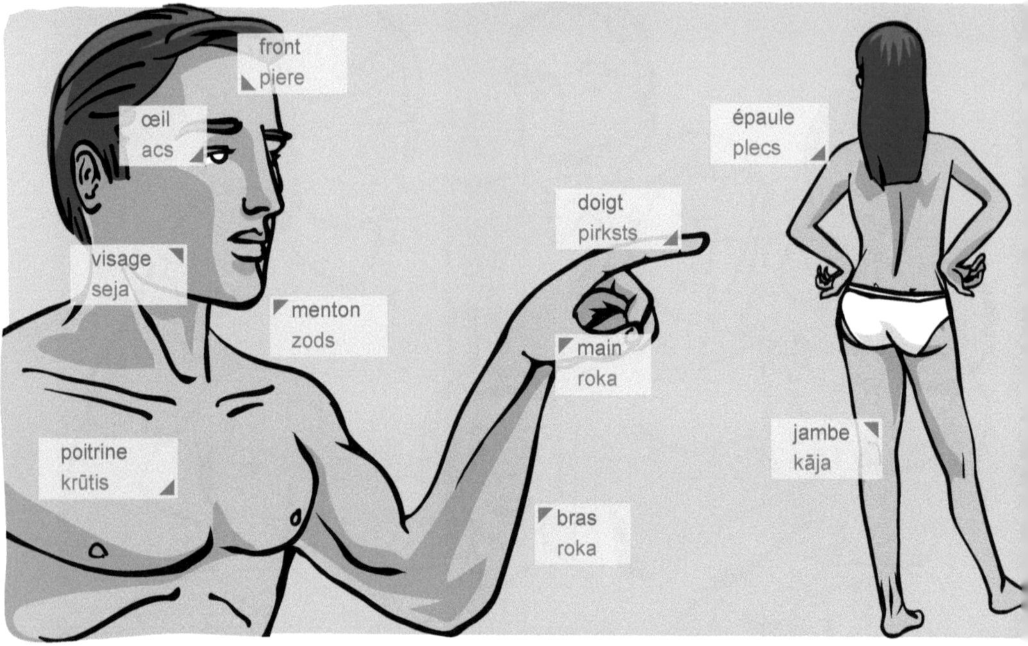

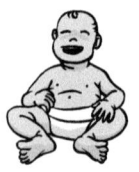

bébé

mazulis

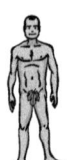

homme

vīrietis

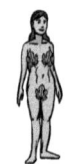

femme

sieviete

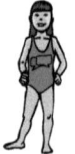

fille

meitene

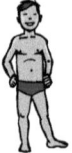

garçon

zēns

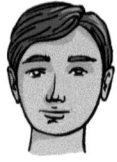

tête

galva

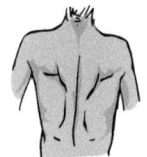

dos

mugura

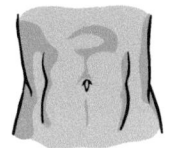

ventre

vēders

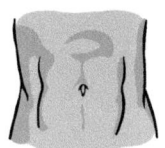

nombril

naba

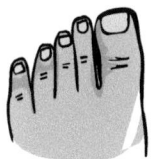

orteil

kājas pirksts

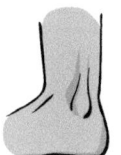

talon

papēdis

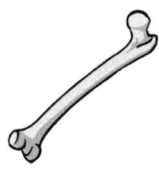

os

kauls

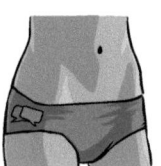

hanche

gurns

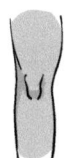

genou

celis

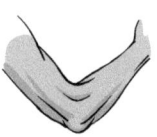

coude

elkonis

nez

deguns

fesses

dibens

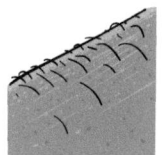

peau

āda

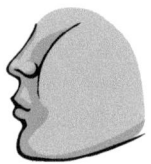

joue

vaigs

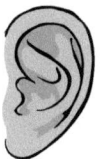

oreille

auss

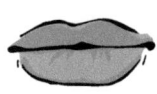

lèvre

lūpa

corps - ķermenis

bouche

mute

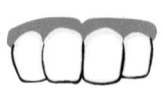

dent

zobs

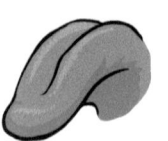

langue

mēle

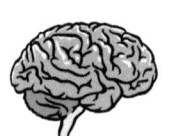

cerveau

smadzenes

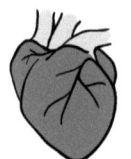

cœur

sirds

muscle

muskulis

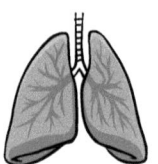

poumons

plaušas

foie

aknas

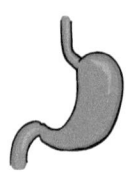

estomac

kuņģis

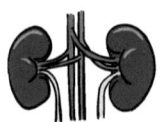

reins

nieres

rapport sexuel

dzimumakts

préservatif

kondoms

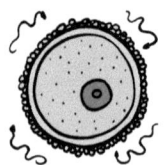

ovule

olšūna

sperme

sperma

grossesse

grūtniecība

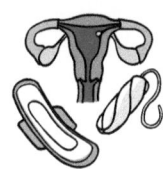

menstruation

menstruãcijas

vagin

vagīna

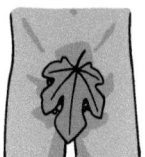

pénis

penis

sourcil

uzacs

cheveux

mati

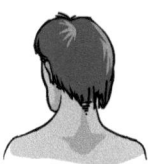

cou

kakls

# hôpital
# slimnīca

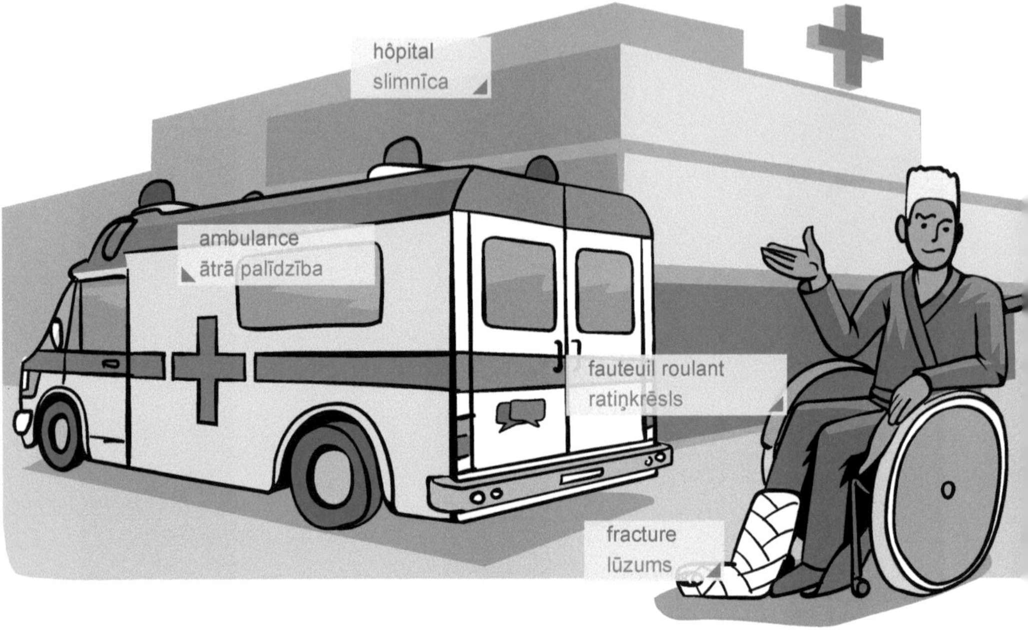

hôpital
slimnīca
ambulance
ātrā palīdzība
fauteuil roulant
ratiņkrēsls
fracture
lūzums

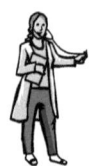

médecin

ārsts

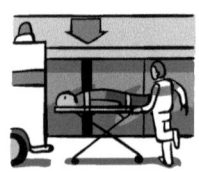

service des urgences

neatliekamās palīdzības nodaļa

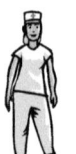

infirmière

medmāsa

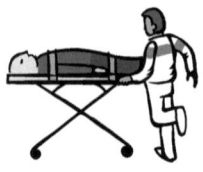

urgence

ārkārtas gadījums

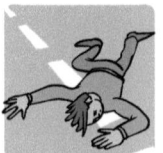

inconscient

paģībis

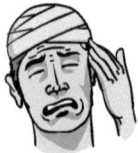

douleur

sāpes

blessure
ievainojums

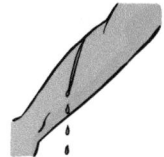

hémorragie
asiņošana

crise cardiaque
sirdslēkme

attaque cérébrale
insults

allergie
alerģija

toux
klepus

fièvre
temperatūra

grippe
gripa

diarrhée
caureja

mal de tête
galvassāpes

cancer
vēzis

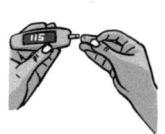

diabète
diabēts

chirurgien
ķirurgs

scalpel
skalpelis

opération
operācija

CT

datortomogrāfija

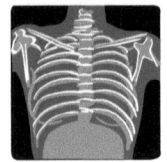

radiographie

rentgents

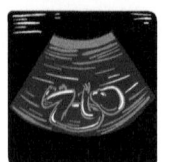

échographie

ultraskaņa

masque

sejas maska

maladie

slimība

salle d'attente

uzgaidāmā telpa

béquille

kruķis

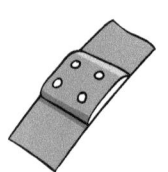

pansement

plāksteris

pansement

apsējs

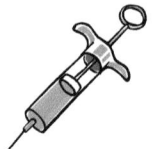

injection

injekcija

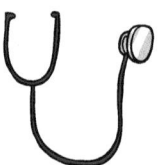

stéthoscope

stetoskops

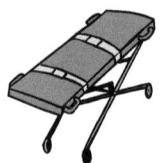

brancard

nestuves

thermomètre

termometrs

accouchement

dzemdības

surcharge pondérale

liekais svars

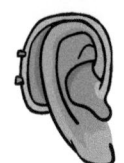

appareil auditif

dzirdes aparāts

désinfectant

dezinfekcijas līdzeklis

infection

infekcija

virus

vīruss

VIH / sida

HIV / AIDS

médicament

zāles

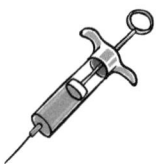

vaccination

pote

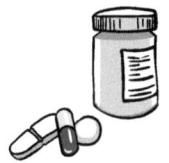

comprimés

tabletes

pilule

pretapauglošanās tablete

appel d'urgence

ārkārtas izsaukums

tensiomètre

asinsspiediena mērītājs

malade / sain

slims / vesels

Au secours !

Palīgā!

alarme

trauksme

assaut

uzbrukums

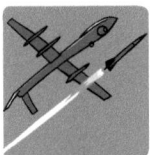

attaque

uzbrukums

danger

bīstamība

sortie de secours

avārijas izeja

Au feu!

Uguns!

extincteur

ugunsdzēšamais aparāts

accident

negadījums

trousse de premier secours

pirmās palīdzības aptieciņa

SOS

SOS

police

policija

Europe

Eiropa

Amérique du Nord

Ziemeļamerika

Amérique du Sud

Dienvidamerika

Afrique

Āfrika

Asie

Āzija

Australie

Austrālija

Océan atlantique

Atlantijas okeāns

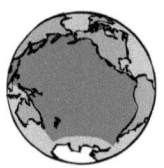

Océan pacifique

Klusais okeāns

Océan indien

Indijas okeāns

Océan antarctique

Dienvidu okeāns

Océan arctique

Ziemeļu ledus okeāns

pôle nord

Ziemeļpols

pôle sud

Dienvidpols

Antarctique

Antarktika

terre

zeme

pays

zeme

mer

jūra

île

sala

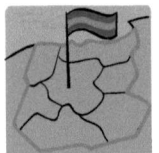

nation

nācija

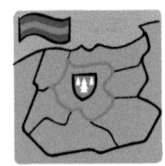

état

valsts

cadran

ciparnīca

aiguille des heures

stundu rādītājs

aiguille des minutes

minūšu rādītājs

aiguille des secondes

sekunžu rādītājs

Quelle heure est-il ?

Cik ir pulkstenis?

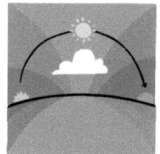

jour

diena

temps

laiks

maintenant

tagad

montre digitale

digitālais pulkstenis

minute

minūte

heure

stunda

# semaine
## nedēļa

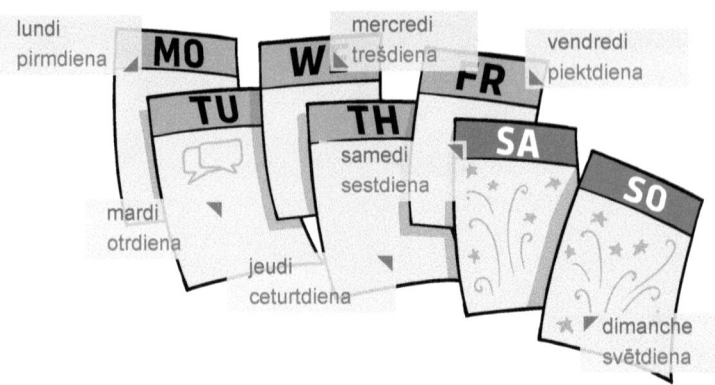

lundi
pirmdiena

mercredi
trešdiena

vendredi
piektdiena

mardi
otrdiena

jeudi
ceturtdiena

samedi
sestdiena

dimanche
svētdiena

hier

vakardien

aujourd'hui

šodien

demain

rītdien

matin

rīts

midi

pusdienlaiks

soir

vakars

| MO | TU | WE | TH | FR | SA | SU |
|----|----|----|----|----|----|----|
| 1 | 2 | 3 | 4 | 5 | 6 | 7 |
| 8 | 9 | 10 | 11 | 12 | 13 | 14 |
| 15 | 16 | 17 | 18 | 19 | 20 | 21 |
| 22 | 23 | 24 | 25 | 26 | 27 | 28 |
| 29 | 30 | 31 | 1 | 2 | 3 | 4 |

jours ouvrables

darbadienas

| MO | TU | WE | TH | FR | SA | SU |
|----|----|----|----|----|----|----|
| 1 | 2 | 3 | 4 | 5 | 6 | 7 |
| 8 | 9 | 10 | 11 | 12 | 13 | 14 |
| 15 | 16 | 17 | 18 | 19 | 20 | 21 |
| 22 | 23 | 24 | 25 | 26 | 27 | 28 |
| 29 | 30 | 31 | 1 | 2 | 3 | 4 |

week-end

brīvdienas

# année

# gads

pluie
lietus
arc-en-ciel
varavīksne
neige
sniegs
vent
vējš
printemps
pavasaris
automne
rudens
été
vasara
hiver
ziema


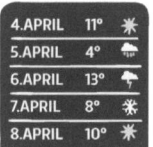

4.APRIL 11°
5.APRIL 4°
6.APRIL 13°
7.APRIL 8°
8.APRIL 10°


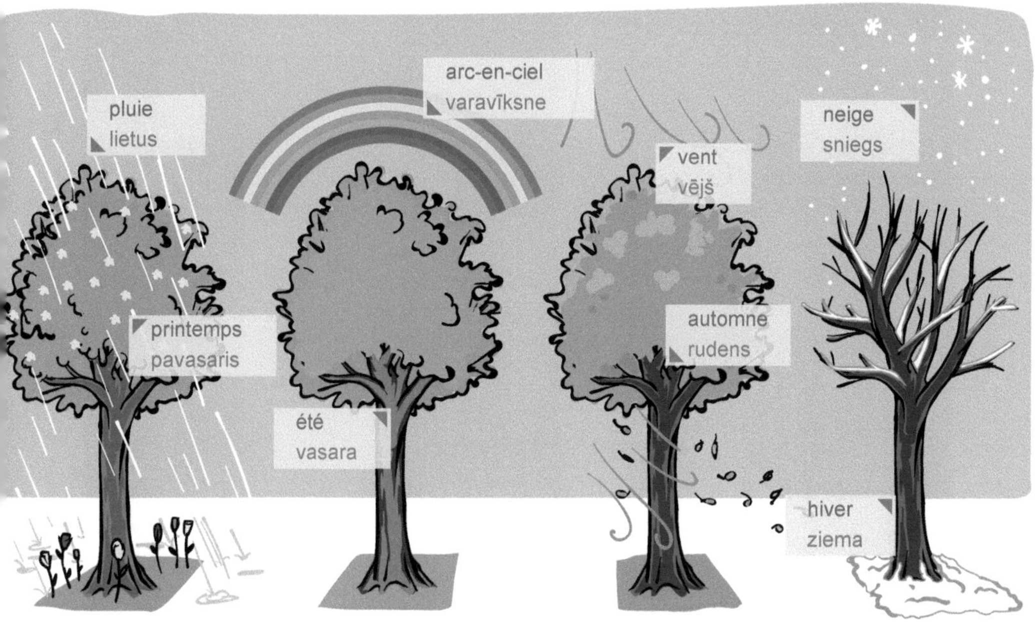

météo

laika prognoze

F C
120 40
90 30
60 20
30 10
0 0
-30 -10
-20


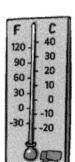

thermomètre

termometrs

lumière du soleil

saules gaisma

nuage

mākonis

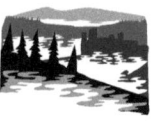

brouillard

migla

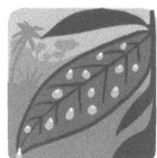

humidité

gaisa mitrums

foudre

zibens

tonnerre

pērkons

tempête

vētra

grêle

krusa

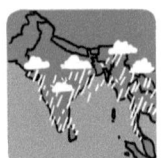

mousson

musons

inondation

plūdi

glace

ledus

janvier

janvāris

février

februāris

mars

marts

avril

aprīlis

mai

maijs

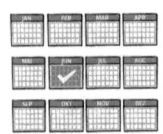

juin

jūnijs

juillet

jūlijs

août

augusts

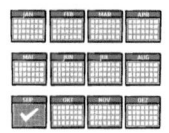

septembre
.................
septembris

octobre
.................
oktobris

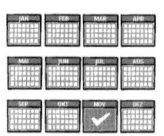

novembre
.................
novembris

décembre
.................
decembris

# formes

# formas

cercle
.................
aplis

carré
.................
kvadrāts

rectangle
.................
četrstūris

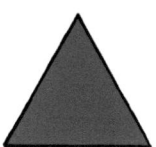

triangle
.................
trīsstūris

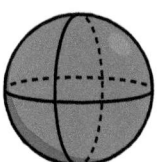

sphère
.................
lode

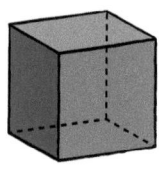

cube
.................
kubs

blanc

balts

jaune

dzeltens

orange

oranžs

rose

sārts

rouge

sarkans

violet

lillā

bleu

zils

vert

zaļš

marron

brūns

gris

pelēks

noir

melns

beaucoup / peu

daudz / maz

fâché / calme

saniknots / miermīlīgs

joli / laid

skaists / neglīts

début / fin

sākums / beigas

grand / petit

liels / mazs

clair / obscure

gaišs / tumšs

frère / soeur

brālis / māsa

propre / sale

tīrs / netīrs

complet / incomplet

pilnīgs / nepilnīgs

jour / nuit

diena / nakts

mort / vivant

miris / dzīvs

large / étroit

plats / šaurs

comestible / incomestible

baudāms / nebaudāms

méchant / gentil

nikns / laipns

excité / ennuyé

satraukts / garlaikots

gros / mince

resns / tievs

premier / dernier

pirmais /pēdējais

ami / ennemi

draugs / ienaidnieks

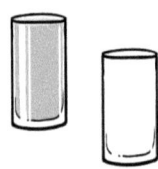

plein / vide

pilns / tukšs

dur / souple

ciets / mīksts

lourd / léger

smags / viegls

faim / soif

izsalkums / slāpes

malade / sain

slims / vesels

illégal / légal

nelegāls / legāls

intelligent / stupide

inteliģents / dumjš

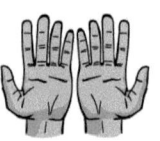

gauche / droite

kreisais / labais

proche / loin

tuvu / tālu

nouveau / usé

jauns / lietots

rien / quelque chose

nekas / kaut kas

vieux / jeune

vecs / jauns

marche / arrêt

ieslēgts / izslēgts

ouvert / fermé

atvērts / slēgts

faible / fort

kluss / skaļš

riche / pauvre

bagāts / nabags

correct / incorrect

pareizi / nepareizi

rugueux / lisse

raupjš / gluds

triste / heureux

noskumis / laimīgs

court / long

īss / garš

lent / rapide

lēns / ātrs

mouillé / sec

slapjš / sauss

chaud / froid

silts / vēss

guerre / paix

karš / miers

oppositions - pretstati

**0**

zéro

nulle

**1**

un / une

viens

**2**

deux

divi

**3**

trois

trīs

**4**

quatre

četri

**5**

cinq

pieci

**6**

six

seši

**7**

sept

septiņi

**8**

huit

astoņi

**9**

neuf

deviņi

**10**

dix

desmit

**11**

onze

vienpadsmit

**12**

douze

divpadsmit

**13**

treize

trīspadsmit

**14**

quatorze

četrpadsmit

**15**

quinze

piecpadsmit

**16**

seize

sešpadsmit

**17**

dix-sept

septiņpadsmit

**18**

dix-huit

astoņpadsmit

**19**

dix-neuf

deviņpadsmit

**20**

vingt

divdesmit

**100**

cent

simts

**1.000**

mille

tūkstotis

**1.000.000**

million

miljons

anglais

angļu

anglais américain

amerikāņu angļu

chinois mandarin

ķīniešu mandarīnu valoda

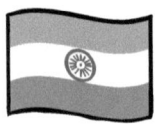

hindi

hindi

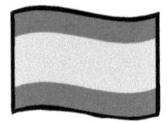

espagnol

spāņu

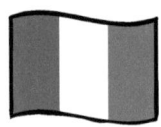

français

franču

arabe

arābu

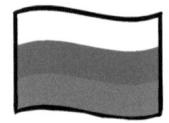

russe

krievu

portugais

portugāļu

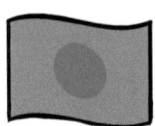

bengali

bengāļu

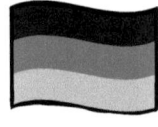

allemand

vācu

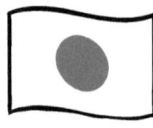

japonais

japāņu

je
........................
es

tu
........................
tu

il / elle / ce, c', cela
........................
viņš / viņa

nous
........................
mēs

vous
........................
jūs

ils / elles
........................
viņi / viņas

Qui ?
........................
kas?

Quoi ?
........................
ko?

Comment ?
........................
kā?

Où ?
........................
kur?

Quand ?
........................
kad?

nom
........................
vārds

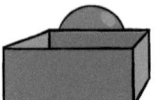

derrière

aiz

dans

iekšā

devant

priekšā

au-dessus

virs

sur

uz

en-dessous

zem

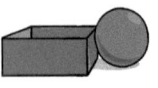

à côté de

blakus

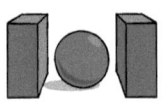

entre

starp

lieu

vieta